Levando a vida numa boa

Ernie J. Zelinski

Levando a vida numa boa

SEXTANTE

Título original em inglês: *The Lazy Person's Guide to Happiness*

Tradução
Maria Cândida R. Dias Bordenave

Preparo de originais
Tomás da Veiga Pereira

Revisão
Sérgio Bellinello Soares

Capa
Porto Martinez

Projeto gráfico e diagramação
Valéria Facchini de Mendonça

Fotolitos
R.R. Donnelley América Latina

Impressão e acabamento
Yangraf Gráfica e Editora Ltda.

CIP-BRASIL. CATALOGAÇÃO-NA-FONTE
SINDICATO NACIONAL DOS EDITORES DE LIVROS, RJ.

Z511 Zelinski, Ernie J.
Levando a vida numa boa
/Ernie J. Zelinski ; tradução Maria Cândida R. Dias Bordenave.
– Rio de Janeiro : Sextante, 2003

ISBN 85-7542-080-1

1. Sucesso – Aspectos psicológicos. 2. Auto-realização – Citações, máximas, etc.
I. Título.

03-1558. CDD 158.1
CDU 159.947

Editora Sextante (GMT Editores Ltda.)
Rua Voluntários da Pátria, 45 – Gr. 1.404 – Botafogo
22270-000 – Rio de Janeiro – RJ
Tel.: (21) 2286-9944 – Fax: (21) 2286-9244
Central de Atendimento: 0800-22-6306
E-mail: atendimento@esextante.com.br
www.sextante.com.br

INTRODUÇÃO

Escrevi este livro pensando em quem deseja levar uma vida mais tranqüila, em paz com o mundo e consigo mesmo e, sobretudo, consciente do que é verdadeiramente importante.

Para ser coerente com o tema, quis que fosse um livro leve e agradável de ler, para que as pessoas possam levá-lo consigo e refletir sobre suas idéias sempre que houver uma chance.

Quis também que fosse um livro bonito, com uma cara alegre e positiva, para que seja um ótimo presente para você dar aos seus parentes, colegas e amigos, expressando assim o quanto deseja que eles sejam felizes.

É provável que você não concorde ou não veja sentido em algumas das idéias deste livro. Se isto acontecer, tente não descartá-las de cara, pois elas podem trazer uma boa contribuição para você. Às vezes é tudo uma questão de tempo e da sua abertura para descobrir o valor dessas novas idéias.

A felicidade requer trabalho, mas não um trabalho intenso, como acredita a maioria das pessoas. Acima de tudo, a felicidade requer que se preste atenção à vida.

No mundo de hoje é muito fácil a gente se esquecer das coisas importantes que contribuem para a felicidade e ir atrás daquelas que não contribuem. Por isso, todos nós deveríamos ter um pequeno livro como este para consultar de tempos em tempos.

Seja qual for o efeito das minhas idéias e conselhos, espero que elas ajudem você a ter uma vida mais intensa, feliz e tranqüila.

Quer tenha consciência disso ou não, você é a fonte da sua felicidade.

A vida é um jogo.
As pessoas felizes são os jogadores.
As infelizes são os espectadores.
De qual lado você quer estar?

Grande parte da felicidade de amanhã depende do quanto você se sente feliz hoje.

Que sementes de felicidade você pretende plantar até o fim do dia?

Se você quer mais tempo para aproveitar esse misterioso e imprevisível fenômeno que é a vida, não procure tanto pelo seu segredo.

Pessoas mais sábias do que eu e você tentaram descobrir o segredo da vida sem muito sucesso.

Além disso, não é preciso compreender completamente a vida para aproveitá-la.

A felicidade não gosta das pessoas que a procuram desesperadamente.

A busca desesperada pela felicidade é uma das principais causas de infelicidade.

Assim, pare de procurar tanto a felicidade e deixe as coisas boas acontecerem.

Para ser mais feliz, você precisa às vezes recuar antes de avançar.

Não me pergunte por quê.

Só sei que algumas coisas funcionam assim.

Para sair-se bem nesse jogo chamado vida, freqüentemente é preciso não se esforçar demais.

Dê um tempo para você mesmo
e pense naquilo que
realmente deseja.

As respostas poderão surpreendê-lo.

"A infelicidade é não saber o que queremos e nos matarmos para obtê-lo."

Don Herold

Alguns objetivos importantes a perseguir:

- alguém para amar,
- alguma coisa a ser apreciada hoje,
- outra que é esperada para amanhã.

Tudo isto traz bastante felicidade.
O que mais você quer?

Tão importante quanto descobrir o que você quer na vida é decidir o que não quer.

Permita-se abrir mão das coisas que não fazem você feliz.

Curiosamente, elas não são as coisas de que mais facilmente conseguimos nos distanciar.

Reconheça que, se tem procurado a felicidade e não a tem encontrado, você tem procurado nos lugares errados.

Não permita que as modas ou as outras pessoas determinem o que você quer da vida.

Como se diz por aí, "você nunca terá o suficiente daquilo de que realmente não precisa".

Entenda que um desejo é diferente de uma necessidade.

Todas as suas necessidades estão sendo atendidas.

Isso tem sido assim desde que você nasceu, senão não estaria vivo hoje.

Você pode sobreviver sem a maioria dos seus desejos por pelo menos uma ou duas semanas.

Se você se desligar por um bom tempo de um desejo, ele provavelmente desaparecerá.

Desejar as coisas desesperadamente leva à grande parte da infelicidade deste mundo.

Quando você desejar algo com muita intensidade, esforce-se para desistir daquele desejo.

Não desejar algo faz tanto bem quanto tê-lo.

E traz bem menos problemas.

Pense seriamente na bênção que consiste em não obter tudo o que se pede.

Segundo Santa Teresa de Ávila: "Mais lágrimas são derramadas devido a pedidos concedidos do que a pedidos não concedidos."

"Desconhecendo-nos a nós mesmos,
freqüentemente suplicamos por males
que poderes superiores nos negam
para o nosso próprio bem."

WILLIAM SHAKESPEARE

Não perca seu tempo e energia
culpando os outros por
sua infelicidade.

Ninguém deveria ter a capacidade
de afetar a sua qualidade de vida.
E, na verdade, ninguém tem
esse poder.

A não ser você mesmo, com seus
pensamentos e comportamento frente
ao que as outras pessoas fazem.

"Os seres humanos causam a si mesmos a maioria das tristezas na Terra."

BUDA

Pode ser difícil encontrar felicidade no nosso interior, mas é quase impossível achá-la em qualquer outro lugar.

Já que, em geral, a felicidade vem da mente e da alma, onde você pretende procurá-la?

Você pode decidir viajar em busca da felicidade. "Quanto mais longe, melhor", você pensa.

Que surpresa! A única felicidade que você experimenta no cume do Himalaia é a que traz consigo.

Se você está com pressa para encontrar a felicidade, vá mais devagar.

Dê a ela uma chance para alcançá-lo.

"Se você não se sente feliz
aqui e agora, nunca se sentirá feliz
em parte alguma."

TAISEN DESHIMARU

Lembre-se que viver esperando o amanhã ou lamentando o ontem é sempre um dia a menos para se sentir feliz.

"Não olho mais para a frente ou para trás com medo ou esperança. Agradecido, recolho o bem que encontro, o melhor do aqui e agora."

JOHN GREENLEAF WHITTIER

Deixe-se levar um pouco mais pelo fluxo da vida.

Deixe que as coisas aconteçam naturalmente em vez de sempre tentar fazer as coisas acontecerem.

Antes de passar para o outro lado da cerca onde a grama parece ser mais verde, experimente primeiro regar o seu próprio lado.

Torne-se a fonte da felicidade em vez de procurar por ela.

Você não terá que buscar a felicidade se é de você mesmo que ela vem.

"Contente-se com as coisas que tem."

Bíblia, Hebreus

Você já pensou que o que você inveja é a felicidade e a alegria que outros têm?

Tente olhar o mundo dessa forma.

Talvez as pessoas que você inveja sejam mais infelizes do que você.

"Olho para o que não tenho e
me acho infeliz; os outros olham
para o que tenho e me acham feliz."

JOSEPH ROUX

Ser feliz é ter poucos desejos.

Para ter ainda menos desejos, conte com freqüência as bênçãos que você já tem.

Uma vida feliz não significa ausência de tristeza.

A tristeza e a infelicidade entrarão em sua vida, quer você queira ou não. A felicidade também.

O que fazer com a felicidade e a tristeza só depende de você.

Comece a levar a vida aceitando-a do jeito como ela é e não como você gostaria que ela fosse.

Acreditar que a vida deveria ser diferente do que realmente é traz muita infelicidade.

Aceitar a realidade do jeito que ela é o libertará da prisão daquilo que deveria ser.

Como disse Lenny Bruce: "O que é é. O que deveria ser é uma grande mentira."

"O inferno são os outros", disse Jean-Paul Sartre.

A verdade é que as pessoas
são apenas humanas. É claro que,
se não fosse assim,
a vida seria diferente.

Já que as pessoas continuarão a ser humanas, é melhor aceitá-las do jeito que são.

Adapte o seu comportamento em relação a elas da forma que lhe trouxer mais felicidade.

Rodeie-se de pessoas felizes.

Evite as pessoas infelizes.

Apaixone-se por uma pessoa feliz.

Case-se com essa pessoa.

Você é responsável, acima de tudo, pela sua própria felicidade.

A melhor maneira de não ser feliz é colocar a felicidade de outra pessoa acima da sua.

Evite apaixonar-se ao mesmo tempo por quatro pessoas do sexo oposto.

Nem pense em casar-se com alguém com mais problemas do que você.

Ande com pessoas que não dão muita importância aos símbolos de riqueza e desconfie das que só têm olhos para isto.

Não gaste o seu tempo julgando as pessoas.

É cansativo e não fará você feliz.

Quando alguém ou alguma coisa surpreender você, SORRIA!

Não custa muito ser gentil, mas pode custar muito ser gentil demais.

Quanto mais generoso for com certas pessoas, mais elas esperarão de você.

A tristeza adora ter companhia.

Por isso, não se afaste de pessoas negativas: CORRA delas!

Discutir com uma pessoa pouco razoável consome tempo e energia preciosos.

Pergunte-se se vale a pena.

Reconheça que é uma besteira continuar uma discussão quando a outra pessoa não merece o seu respeito.

Procure não se envolver demais com os problemas das outras pessoas.

Direcione o seu tempo e a sua energia ao que é verdadeiramente prioritário em sua vida.

Tenha cuidado com as pessoas que você admira. Não as coloque em pedestais.

Ninguém merece esse lugar.

Não perca tempo justificando-se para quem o critica.

Qualquer tolo pode criticar e a maioria das pessoas tem esse hábito.

Ser querido por todos é impossível.

Procure o respeito dos outros e não a popularidade.

Se ninguém tiver elogiado você até o meio-dia, elogie-se a si mesmo.

Na vida, podemos assumir um ar intelectual ou apenas ser agradáveis.

Deixe para os outros a oportunidade de ser intelectual.

Insista em ser você mesmo e não outra pessoa.

Quando perguntaram a Leonardo da Vinci qual tinha sido sua maior realização, ele respondeu: "Leonardo da Vinci."

Os mestres zen não nos pedem para sermos algo ou alguém que não somos.

Ao contrário, pedem-nos para sermos mais verdadeira e plenamente aquilo que somos.

Ficar à espera de algo pode ser difícil e até deprimente.

Em vez de esperar um telefonema, tome a iniciativa e chame alguém.

Seja bom para com os outros, mas não espere muita gratidão neste mundo.

Lembre-se que as boas ações nem sempre são lembradas e as más raramente são esquecidas.

Rodeie-se de pessoas sábias e sensatas e ouça-as atentamente.

Em pouco tempo você aprenderá muito sobre a felicidade.

Um dia, quando pensar em fazer algo que essas mesmas pessoas lhe recomendaram evitar, lembre-se de dar valor aos seus conselhos.

Não fique se queixando de tudo para seus amigos.

Depois de um tempo, ninguém mais vai te agüentar, nem mesmo você.

Deixar-se perturbar pela grosseria de alguém é algo que nos enfraquece.

Procure não se afetar pelas reações agressivas dos outros e tente entender o que você pode ter feito para que eles ajam assim.

Você pode controlar os insultos e indelicadezas que os outros fazem a você.

O grau do seu ressentimento é proporcional à energia e à atenção que você dedica a recordá-los.

Evite pessoas potencialmente agressivas, assim como situações perigosas.

É sempre mais fácil evitar os problemas do que se livrar deles.

Perdemos muitos amigos
visitando-os muito ou muito pouco.

Lembre-se que fazer um novo amigo
consome dez vezes mais tempo e
energia do que manter um
velho amigo.

*"Não abandone um velho amigo;
ele não é comparável a um amigo
novo: este é como o vinho novo;
só quando fica velho é saboreado
com prazer."*

Apocrypha. Eclesiastes 9:10

Vá com calma ao procurar novos amigos. A qualidade é dez vezes mais valiosa do que a quantidade.

Nunca empreste dinheiro a um amigo, novo ou velho. Caso ele não lhe pague o empréstimo, você perderá o dinheiro e o amigo.

Quando você se recusa a perdoar alguém, você não está aprisionando a outra pessoa.

Você está aprisionando a si mesmo.

Por isso, perdoe os outros. E perdoe ainda mais a você mesmo.

Ao contrário do que se pensa, a vingança não é doce e nem traz felicidade.

Como diz o provérbio francês: "A melhor vingança é viver bem."

Faça o que é certo mesmo quando os outros não o estejam fazendo.

Mesmo que um milhão de pessoas estejam fazendo algo errado, continua sendo algo errado.

Coloque-se acima da multidão, mesmo que tenha de ficar sozinho.

Não há forma mais grandiosa de conquistar o respeito de si mesmo e dos outros neste mundo.

Depender dos outros para ser feliz é provavelmente o caminho mais difícil para a felicidade.

Acenda a sua própria fogueira em vez de procurar ser aquecido pela fogueira dos outros.

"A felicidade não é uma coisa pronta
que o Buda pode lhe dar.
Ela nasce das suas próprias ações."

SUA SANTIDADE, O DALAI-LAMA

Evite desejar mal aos outros, pois seus desejos poderão voltar-se contra você.

É pouco provável que seus pensamentos irão afetar a vida dos outros e quase certo que você será afetado negativamente por eles.

Por isso, conceda aos outros a felicidade e tudo de bom que você deseja para si mesmo.

O bem que a vida lhe oferece neste momento é tudo o que você pode ter, nem mais nem menos.

A sua forma de vivê-la – se é ótima, boa ou ruim – será determinada apenas pelos seus preconceitos e expectativas.

Embora possa fazer parte dos seus desejos, você não será feliz com uma vida fácil.

Quando se vive em circunstâncias fáceis e confortáveis, a vida torna-se difícil.

Contudo, quando as circunstâncias são difíceis e desconfortáveis, a vida fica surpreendentemente fácil.

Pense nisso com atenção e verá que se aplica a todas as áreas da sua vida.

Faça sempre o que é certo e honesto, mesmo quando lhe parecer o caminho mais difícil.

A longo prazo, será a coisa mais fácil e gratificante que você já fez.

Como disse o Buda: "Carma significa que você carrega consigo as coisas que faz."

O sofrimento é algo que se pode escolher. Seja capaz de experimentá-lo em sua plenitude.

Sem sofrimento não se atinge crescimento pessoal nem um nível maior de consciência.

Você considera os seus problemas especiais e únicos?

Há apenas cerca de dez grandes problemas na vida. E todos nós temos variações desses dez.

O que faz do seu problema algo tão especial?

A gravidade dos seus problemas é uma questão de perspectiva.

Mude a sua perspectiva e a maioria deles se tornará insignificante.

Alguns deles até mesmo deixarão de ser problemas e se transformarão em oportunidades.

A vida torna-se muito mais fácil quando você assume a sua responsabilidade.

Assumir responsabilidade consiste em você ser o autor de todas as suas experiências, inclusive daquelas que o deixam envergonhado e pouco orgulhoso.

Pense nas conseqüências das suas ações antes e não depois de realizá-las.

Essa prática fará maravilhas para diminuir o número de problemas que você tem na vida.

Já que não se pode evitar o que aconteceu no passado, não adianta se preocupar com isso.

Uma hora de preocupação sobre o passado ou o futuro rouba-lhe uma hora de felicidade.

Nunca chore pelo leite derramado. Poderia ter sido uma garrafa de um champanhe muito mais caro.

Compreenda que nada é tão sério como parece.

A crise de hoje pode vir a ser a história interessante de amanhã.

"Não há nuvem tão espessa que impeça o sol de brilhar no outro lado."

RATTLESNAKE

Na maioria das vezes, as circunstâncias não são boas nem más.

É o nosso pensamento que faz com que se tornem boas ou más.

Então, por que não ver a vida como uma aventura ao invés de uma tragédia?

As oportunidades de ser feliz
batem à nossa porta
com freqüência.

Com que freqüência você tem
aberto a sua porta?

*"Quando uma porta da felicidade
se fecha, outra se abre.
Muitas vezes ficamos tanto tempo olhando
para a porta fechada
que não vemos a que se abriu."*

HELEN KELLER

Uma vida simples é uma vida feliz.

A vida é simples, mas a gente vive complicando ela.

Volte-se para as coisas básicas e veja como a vida pode ser feliz.

Se você continuar fazendo o mesmo que tem feito sempre, continuará obtendo exatamente os mesmos resultados.

Então, se está dando certo, continue na mesma. Se não está dando certo, pare de fazer a mesma coisa.

É incrível como a vida pode ser simples, não é mesmo?

A cada dia, faça algo que torne sua vida menos complicada.

Aprenda a identificar as coisas sem importância.

Você vai descobrir que a vida é uma brisa suave se você se empenhar em simplificá-la com o mesmo esforço que faz agora para complicá-la.

Você anda sofrendo de tédio?

Tente descobrir sua origem.

Tenha certeza de que há apenas uma origem.

"Algo está me chateando;
acho que sou eu mesmo."

DYLAN THOMAS

Algumas das coisas mais fascinantes do mundo são aquelas que a gente não procura.

Assim, abra espaço para que o inesperado entre em sua vida.

Quanto mais chances você se der, mais interessante o seu mundo irá se tornar.

Para vencer o tédio, às vezes é preciso correr alguns riscos.

Fama, fortuna, romance ou aventura. Quaisquer que sejam os seus sonhos, esforce-se para realizá-los.

Você nunca encontrará satisfação e felicidade nas coisas que *pretendia* fazer.

Não espere aposentar-se para ser feliz e começar a viver.

Invariavelmente, as pessoas que seguem esse caminho descobrem que esperaram demais.

"Oh, meu Deus, chegar até a morte e descobrir que não se viveu nada."

HENRY DAVID THOREAU

A base da felicidade está na saúde.

Cultive a sua saúde física, mental e espiritual. Se você não aproveitá-la, será um desperdício.

É importante aproveitar o que existe antes que deixe de existir.

Só damos valor às coisas depois que as perdemos e, freqüentemente, não as recuperamos de novo.

Se você não cuidar bem do seu corpo, onde espera viver?

"A saúde é o bem mais precioso.
O nosso corpo é precioso.
É o nosso veículo para o despertar.
Trate-o com carinho."

BUDA

Talvez você concorde com a idéia de que "tempo é dinheiro", mas isso é falso.

A verdade é que o tempo é muito mais valioso do que o dinheiro. Use-o com sabedoria.

Às vezes parece que todos nós queremos estar em algum outro lugar onde não estamos.

Sinta-se bem onde está agora e você será mais feliz do que noventa por cento da humanidade.

Preste atenção aos bons conselhos que você recebe sem esperar.

Por exemplo, o cardápio de um restaurante de minha cidade natal recomenda:

"Se você não for servido em 5 minutos, será servido em 8 ou 9. Talvez em 12.

Não se preocupe, RELAXE!"

Para ter mais tempo em sua vida, não se apresse.

Pelo contrário: vá mais devagar.

De um modo mágico, o mundo se tornará mais fácil para você.

Nenhum momento maravilhoso dura para sempre.

Assim, saboreie-o enquanto puder.

"Aproveite o dia de hoje
e confie o menos possível no amanhã."

HORÁCIO

Aprenda a viver e ser feliz um dia de cada vez e você terá aprendido a viver feliz para o resto da vida.

"Feliz é a pessoa, ela só,
que pode possuir o dia de hoje;
aquela que, com segurança interior,
pode dizer:
o amanhã pode ser ruim,
pois já vivi hoje."
JOHN DRYDEN

Celebre as pequenas coisas da vida.

Elas geralmente se revelam muito maiores do que você poderia imaginar.

Lembre-se que você não conseguirá apreciar realmente as grandes coisas da vida enquanto não souber apreciar plenamente as pequenas.

Outro motivo para celebrar as pequenas coisas é que elas são muito mais numerosas do que as coisas grandes e importantes.

O que é o sucesso?

O que é a felicidade?

Pense um pouco sobre isso hoje e um pouco mais amanhã, e ainda mais um pouco depois de amanhã.

Anote as suas respostas e veja como elas vão mudando com o tempo.

Se você espera ter tudo,
não terá nada.

Aprenda a ser feliz com nada
e você terá tudo.

Não se esqueça de que o sucesso tem um preço. Saiba qual é o preço antes de procurar o sucesso.

Se não estiver preparado, terá que pagar a maior parte do preço depois de atingir o sucesso e não antes.

"Eu tenho a maior das riquezas:
a de não desejá-las."

ELEONORA DUSE

A maioria das pessoas concorda que o dinheiro não traz felicidade, mas, bem no fundo, não tem tanta certeza disso.

Independente da sua idade, você demonstrará maior sabedoria quando aceitar verdadeiramente a idéia de que o dinheiro não compra a satisfação e a paz de espírito.

"A riqueza por si só não nos traz felicidade. A riqueza, por si só, não nos torna felizes. Mas creio que nós sempre nos arriscaremos a ser ricos e infelizes."

C. C. COLTON

Por que gastar tanto tempo, energia e dinheiro tentando comprar a maior casa possível?

Uma casa menor pode conter tanta felicidade quanto uma grande. Às vezes, ainda mais.

"Acho que já passei cem vezes por esta casa
e sempre paro por um minuto.
E olho para ela, a casa trágica,
sem ninguém dentro."

JOYCE KILMER

"Um lar consiste de quatro paredes
envolvendo a pessoa certa."

HELEN ROWLAND

Use todos os seus recursos pessoais para viver a melhor vida possível independente de suas limitações de dinheiro.

Como dizem os gregos: "Quando se é pobre, é importante se divertir."

Dedique-se a beber um vinho que lhe dê prazer pelo menos uma vez por semana.

Isto é importante se você tiver algo a celebrar e ainda mais importante se não tiver.

Os mestres zen nos dizem que nos tornamos prisioneiros das coisas que mais apreciamos: carros, casas, dinheiro, amigos e amantes, o ego e as nossas identidades.

Liberte-se da dependência dessas coisas e você estará livre.

Já que vai passar um terço ou mais das horas do dia trabalhando, é importante que você goste do que faz.

A felicidade no trabalho só vem quando ele gera benefícios para nós e para os outros.

Não trabalhe apenas por dinheiro. Se fizer isso, se tornará um escravo.

Seu trabalho deve enriquecer sua mente e sua alma tanto quanto garantir seu bem-estar financeiro.

Dedique-se de corpo e alma ao que é mais importante para você. Empenhe-se em crescer e não apenas em ganhar.

Concentre-se naquilo que você quer ser, sem se importar com as outras coisas.

Na vida, o que dói mais não é o que a gente fez, mas o que deixou de fazer.

"Seja feliz no seu trabalho ou você nunca saberá o que é felicidade."

ELBERT HUBBARD

"Se você tem que se sustentar, é melhor achar uma ocupação que seja interessante."

KATHERINE HEPBURN

É fácil querer mais da vida do que ela tem a dar.

Tente estar em todas as partes ao mesmo tempo e você não estará em parte alguma.

Tente fazer tudo e não fará nada. Tente ser amado por todos e não será amado por ninguém.

Assim, siga os seus sonhos, mas reconheça os seus limites.

Evite os extremos da indulgência e da privação.

Estabeleça como norma a moderação em tudo que fizer.

Exceto, é claro, a própria moderação.

É evidente que trabalhar muito não garante a felicidade.

Se muito trabalho trouxesse felicidade, a maioria das pessoas seria feliz.

Porém, segundo os psicólogos, apenas vinte por cento da população é feliz.

A forma mais difícil de ganhar a vida é trabalhar demais para isso.

O trabalho duro é a melhor forma jamais inventada para matar o tempo – como também a você mesmo.

Trabalhe tanto quanto for necessário para ter uma vida confortável e tão pouco quanto for possível.

Esforce-se sempre em manter o equilíbrio entre o trabalho e a vida.

Se for para se dedicar mais a um lado, que seja o do lazer.

Você não pode ser feliz se estiver trabalhando demais.

Pergunte aos amigos e à sua família se você trabalha demais. Preste atenção ao que eles têm a dizer.

Responda esta importante pergunta: quantas pessoas você conhece que em seu leito de morte disseram "eu gostaria de ter trabalhado mais"?

Por que não tentar ser uma pessoa preguiçosa, inteligente e altamente produtiva ao invés de ser muito trabalhadora, inflexível e moderadamente produtiva?

Trabalhar com inteligência é mais importante do que trabalhar muito.

Sempre que estiver fazendo algo difícil ou prolongado, pergunte-se o que aconteceria se você não o fizesse.

Se a resposta for nada, ou quase nada, pare imediatamente.

Permita-se ser um pouco preguiçoso, mas seja criativo, ativo e produtivo.

É loucura empenhar-se em obter conforto total.

O conforto é uma faca de dois gumes.

Um pouco dele aumenta a saúde e a felicidade, mas, quando é demais, destrói ambas.

Pense cuidadosamente sobre o seguinte: daqui a alguns anos, ao fazer uma revisão da sua vida, o que você lamentará não ter feito?

Claro que não será ter trabalhado mais e com mais afinco. E não será ter acumulado um maior número de bens materiais.

O que quer que seja, você não deveria estar fazendo isso agora?

Dentro de cada um de nós, mesmo que não percebamos isso, temos a capacidade de mudar nossas vidas.

Podemos ter uma saúde melhor, amizades mais profundas, amor duradouro, mais riquezas, trabalho interessante e maior liberdade.

Nosso poder está não em atingir o Céu, mas em usar a nossa criatividade para a melhor vida possível na Terra.

A dimensão da sua felicidade depende da qualidade dos seus pensamentos.

O seu pensamento pode fazer você se sentir miserável ou muito feliz.

O tempo e a energia exigidos para cada um desses estados mentais é relativamente o mesmo.

"Se sua vida diária parece pobre, não a culpe; culpe a si próprio, diga a si mesmo que você não é suficientemente poeta para fazer desabrochar suas riquezas."

RAINER MARIA RILKE

Dos três recursos preciosos da vida – tempo, dinheiro e criatividade –, o único que não tem limites é a sua criatividade.

Faça da criatividade seu recurso número um, e tempo e dinheiro não lhe parecerão mais tão preciosos.

As grandes mudanças da vida – boas ou ruins – quase sempre vêm inesperadamente. Esteja preparado.

Use sua criatividade para sair-se da melhor forma possível com o que acontecer, e você verá que tudo acaba se resolvendo bem.

Não tente ser tão razoável e sensato o tempo todo.

Siga a sua intuição um pouco mais.

Algumas das melhores decisões da vida são aquelas menos levadas pela razão.

Você pode estar pensando: "Isso tudo é muito fácil de ser dito, mas a vida é muito mais difícil do que isso."

Não há dúvida de que a vida é dura.

No entanto, pergunte a si mesmo o que você tem feito e pode fazer agora para torná-la mais agradável e gratificante.

Não permita que as dúvidas e incertezas sobre a vida deprimam você.

Quando se vir perguntando pelo sentido da vida, desconfie de que algo muito básico – pode ser falta de sono, carinho ou até mesmo comida – está lhe faltando.

Você precisa ser capaz de sentir dor. Senão, não poderá sentir alegria.

Assim, na hora de rir, ria. Na hora de trabalhar, trabalhe. Na hora de amar, ame. E na hora de chorar, chore.

Só assim você se sentirá realizado.

Compreenda que, para ser feliz, não importa se você trabalha demais, se você usa roupas elegantes ou se dirige um carro luxuoso.

Também pouco importa se você tem todos os bens que deseja, ou mesmo se você é belo, talentoso ou inteligente.

Há pouca felicidade quando falta sabedoria.

A sabedoria não pode ser comprada com dinheiro, mas é verdade que se paga um preço por ela.

Não hesite em pagar esse preço, quer seja em termos de tempo, paciência, experiência, energia ou perseverança.

Na verdade, mesmo que tenha que pagar muito pela sabedoria, você ainda estará fazendo um ótimo negócio.

Abra a sua mente para as opiniões dos outros.

As opiniões das pessoas que você mais evita podem ser as que mais lhe ensinarão.

Você só pode experimentar a felicidade se a vida lhe trouxer aquilo que está disposto a aceitar.

Aceite de boa vontade o que a vida lhe traz e você não se sentirá ferido pela realidade.

Talvez você tenha descoberto recentemente a realidade da vida e concluído que o mundo não é justo.

De fato, ele não é. De qualquer forma, você tem a obrigação de lutar pelo melhor.

Não espere encontrar mais felicidade alterando as circunstâncias da sua vida ou seu ambiente.

Só porque tudo é diferente não significa que alguma coisa mudou.

Como diz o zen-budismo: "Onde quer que vá, lá você estará."

Muita gente tenta ser alguém que, na realidade, não é.

Não seja como eles.

Você já é alguém. Você é você. Somente sendo você mesmo é que pode ser feliz.

A não ser que faça as pazes com quem realmente é, você nunca será verdadeiramente feliz.

A auto-estima é algo que só você pode se dar, não os outros.

É importante amar a si próprio – mais do que a sua mãe o ama – sem levar em conta o que os outros dizem ou pensam sobre a sua pessoa.

Assim, viva como se gostasse de si mesmo. Após algum tempo, você não notará a diferença.

Você precisa não apenas apreciar a solidão, mas criar um espaço de solidão em sua vida.

Aprenda a amar a si mesmo enquanto for se conhecendo melhor.

O paraíso que sempre procurou está dentro de você.

Nele você encontrará toda a felicidade que deseja.

Não desanime quando o mundo não lhe der o que você deseja.

Para cada desejo que lhe foi negado, a vida lhe trouxe algo ainda melhor.

É seu dever descobrir e valorizar as coisas boas que a vida tem lhe dado.

Para cada coisa ruim que acontece com você, dez outras boas lhe são dadas.

Você deve, portanto, passar dez vezes mais tempo reconhecendo e se encantando com as belezas da vida do que reclamando daquilo que não deu certo.

Pense em como você ficaria feliz
se perdesse todas as coisas que tem hoje
e logo as recuperasse.

Tente transformar cada adversidade numa oportunidade que lhe traga algum bem.

Assim, cada adversidade pode se transformar em alguma coisa boa para você.

"Se sua casa pegar fogo, aqueça-se nela."

PROVÉRBIO ESPANHOL

"Menos é mais."

Reflita com atenção sobre como isso se aplica aos vários aspectos da sua vida.

"Contente-se com o que tem.
Alegre-se com o jeito que as coisas são.
Quando perceber que não há
nada faltando,
o mundo todo lhe pertencerá."

TAO TE CHING

As aspirações desmedidas têm um poder de limitar a sua felicidade muito mais do que você imagina.

É melhor eliminar o desejo de coisas totalmente fora do seu alcance.

Lembre-se que as pessoas felizes cuidam daquilo que têm.

Admirar sem desejar é o seu segredo.

Experimente viver segundo este lema:

"Feliz por ter, mas também tão feliz
por não ter.
Feliz por ser, mas também tão feliz
por não ser."

Não há melhor forma de ter liberdade e paz de espírito.

Para aproveitar plenamente qualquer coisa que esteja fazendo, faça como se fosse a sua última ação.

O Buda nos diz: "Ao andar, comer e viajar, esteja presente onde você estiver, ou você deixará de viver a maior parte da sua vida."

Quer esteja claro ou não para você, o mundo é tão perfeito como ele pode ser.

Ele é o que é. E isso é tudo o que é preciso para você amá-lo e servi-lo.

"Assim é. Não pode ser de outra forma."

INSCRIÇÃO NUMA CATEDRAL DE AMSTERDAM

A sua seriedade pode ser um obstáculo para a sua felicidade.

Como disse Oscar Wilde:
"A vida é muito importante para ser levada a sério."

Considere que cada dia que você não riu, não brincou nem celebrou a vida foi um dia perdido.

Experimentar o amor é experimentar muita felicidade.

Se o amor é escasso em sua vida, quem é o responsável?

É claro que, em última análise, você é a fonte de todo amor em sua vida.

Como diziam os Beatles: "No fim, o amor que você recebe é igual ao amor que você dá."

Segundo um provérbio hindu:
"A verdadeira felicidade consiste
em fazer os outros felizes."

Sem ceder ou renunciar aos seus
princípios, seja, tanto quanto possível,
uma pessoa bondosa, gentil,
generosa e amorosa.

Compartilhe com os outros
a felicidade que você tem
em sua vida.

Três dádivas especiais lhe foram dadas ao nascer: as dádivas da vida, do amor e do riso.

Aprenda a compartilhar essas dádivas com o resto do mundo e o resto do mundo brincará feliz com você.

Quando a felicidade se esquecer de você, descubra que tesouros pode encontrar na sua infelicidade.

Não tardará muito e a felicidade se lembrará de você e se insinuará de novo na sua vida.

Algumas vezes você poderá duvidar da sua felicidade.

Não faça isso!

Se você pensar demais, poderá deixar de sentir a felicidade que tem.

Receita de felicidade para toda a vida:

Um propósito para trazer satisfação.

Um trabalho para dar sustento.

Saúde mental para saber quando
brincar e quando descansar.

Dinheiro para satisfazer as
necessidades básicas.

Afeto para gostar de muitos
e amar alguns.

Auto-estima para amar a si próprio.

Caridade para dar aos que precisam.

Coragem para enfrentar as dificuldades.

Criatividade para resolver os problemas.

Humor para rir à vontade.

Esperança para vislumbrar
um bom amanhã.

Gratidão para apreciar aquilo
que tem.

Saúde para gozar a vida
pelo que ela vale.

Se você quer ter uma vida longa e feliz, esqueça a sua idade.

Isso é ainda mais importante à medida que você envelhece.

Mais uma vez, tenha clareza das coisas mais importantes para você.

Assegure-se de que elas não estão sendo sacrificadas pelas coisas menos importantes.

Não há nada errado em trabalhar intensamente por dinheiro e pelas coisas boas que ele pode comprar.

Contudo, assegure-se de que, na busca do dinheiro, você não venha a perder os elementos valiosos da felicidade que o dinheiro não compra.

Coisas que não têm preço e que o dinheiro não pode comprar:

Saúde física
Autoconfiança
Amigos verdadeiros
Satisfação
Respeito dos outros
Reputação
Caráter
Espírito esportivo
Longevidade
Criatividade
Realização
Família afetuosa
Integridade
Paz de espírito
Senso de humor
Sagacidade

Mais coisas que não têm preço e que o dinheiro não pode comprar:

- Paciência
- Compaixão
- Saúde mental
- Simpatia
- Humildade
- Encanto
- Auto-estima
- Espiritualidade
- Gratidão
- Empatia
- Generosidade
- Grandeza
- Aptidão física
- Tempo
- Sabedoria
- Capacidade de lidar com o dinheiro

Nunca perca de vista a sua verdadeira riqueza: a sua espiritualidade e capacidade de pensar criativamente.

É melhor ter um milhão de reais em capacidade de pensar do que um milhão de reais no banco.

Um milhão de reais pode ser facilmente perdido, mas seu milhão em criatividade e espiritualidade estará sempre disponível quando você precisar.

Lembre-se sempre que a felicidade é um modo de viajar, não o seu destino.

Os mestres zen nos dizem que corrompemos a beleza da vida fazendo da felicidade o seu objetivo.

Eles dizem que a felicidade é a prática de viver o momento.

Isso se refere a tudo que fazemos.

Regra 1

Seja feliz em relação a quem você é,
onde está e com o que possui.

Regra 2

Quando você se achar infeliz
com o que a vida lhe traz,
volte para a primeira regra.

Seja sempre verdadeiro
consigo mesmo.

Não acredite cegamente no que traz felicidade, mesmo no que é dito neste livro.

Descubra por si só o que traz alegria e satisfação ao seu mundo.

Sua voz interior lhe dirá o que lhe trará paz de espírito.

Ouça-a com atenção.

Você será capaz de perceber quando alcançar a verdadeira felicidade e vai descobrir que ela não custa muito.

O que custa realmente caro são as substituições fantasiosas que existem por aí.

"Viver sem algumas das coisas que você deseja é uma parte indispensável da felicidade."

BERTRAND RUSSELL

Acima de tudo, você não precisa fazer nada difícil para trazer a felicidade para a sua vida neste momento.

Apenas escolha a felicidade e ela será sua.

Aproveite o dia de hoje como
se fosse o seu último dia, porque,
talvez, ele seja mesmo.

Por isso, não perca tempo procurando
o momento feliz.

A felicidade já está em você.

Conheça outros títulos da coleção de bolso da Sextante

Augusto Cury

Você É Insubstituível

Este livro fala do amor pela vida que pulsa em cada ser humano. Ele conta a sua biografia. Você descobrirá fatos relevantes que o tornaram o maior vencedor do mundo, o mais corajoso dos seres, o que mais cometeu loucuras de amor para poder estar vivo.

Dez Leis para Ser Feliz

Ser feliz não é ter uma vida perfeita. Ser feliz é reconhecer que vale a pena viver, apesar de todos os desafios, perdas e frustrações. Este livro traz ferramentas essenciais para quem quer encontrar esperança na dor, força no medo e amor nos desencontros.

Pais Brilhantes, Professores Fascinantes

Este livro falará ao coração dos pais e professores, ampliará para sempre a visão sobre como produzir uma educação excelente. Eles trabalham nos solos mais difíceis de serem cultivados: a inteligência e o território da emoção dos jovens.

Dominique Glocheux
A VIDA É BELA

Este pequeno manual vai segurar sua mão e levar você para um passeio dentro de si mesmo. Ele vai despertar idéias, sentimentos e desejos que estavam adormecidos. Abra as portas de seu coração, saboreando cada um dos 512 conselhos reunidos aqui.

Kim McMillen & Alison McMillen
QUANDO ME AMEI DE VERDADE

"*Quando me Amei de Verdade* ensina a trabalhar a autoconfiança e o amor-próprio e mostra como você pode se bastar."

Mark Victor Hansen,
co-autor de *Histórias para Aquecer o Coração*

Marcelo Camacho
1001 RAZÕES PARA GOSTAR DO BRASIL

Mistura de guia afetivo e perfil informal do país, *1001 Razões para Gostar do Brasil* é uma lista de itens só com coisas legais sobre o Brasil e sobre o povo brasileiro.

INFORMAÇÕES SOBRE OS PRÓXIMOS LANÇAMENTOS

Para receber informações sobre os próximos lançamentos da EDITORA SEXTANTE, queira entrar em contato com nossa Central de Atendimento, dando seu nome, endereço e telefone para:

EDITORA SEXTANTE
Rua Voluntários da Pátria, 45 – Gr. 1.404 – Botafogo
22270-000 – Rio de Janeiro – RJ
Tel.: (21) 2286-9944 – Fax: (21) 2286-9244
DDG: 0800-22-6306 (ligação gratuita)
E-mail: atendimento@esextante.com.br

Para saber mais sobre nossos títulos e autores, e enviar seus comentários sobre este livro, visite o nosso site:

www.sextante.com.br

PAPEL
CHAMOIS-BULK alta performance alcalino

Impresso em papel Chamois Bulk Alta Performace Dunas 90g/m² da Ripasa S/A, fabricado em harmonia com o meio ambiente.